escola - sukuu	2
viagem - akwantuo	5
transporte - ɛhyɛn	8
cidade - kuropɔn	10
paisagem - asaase	14
restaurante - adidibea	17
supermercado - dwakɛseɛmu	20
bebidas - nsa	22
comida - aduane	23
fazenda - afuo	27
casa - efie	31
sala de estar - ɛdan a wɔtena mu	33
cozinha - gyaade	35
banheiro - adwareɛ	38
quarto de criança - abɔfra dan mu	42
vestuário - ataadeɛ	44
escritório - ɔfise	49
economia - sikasem	51
profissões - nnwuma ahodoɔ	53
ferramentas - akadeɛ	56
instrumentos musicais - mfidie a wɔde bɔ nnwom	57
zoológico - mmoakurabea	59
esportes - agokansie	62
atividades - dwumadie ahodoɔ	63
família - abusua	67
corpo - nipadua	68
hospital - asopiti	72
emergência - putupru	76
Terra - Ewiase	77
relógio - mmerɛ kyerɛfoɔ	79
semana - nnawɔtwe	80
ano - afe	81
formas - bɔbea	83
cores - ahosuo	84
opostos - abirabɔ	85
números - nɔma	88
idiomas - kasa ahodoɔ	90
quem / o quê / como - hwan/aden/ sɛn	91
onde - hefa	92

Impressum
Verlag: BABADADA GmbH, Nedderfeld 112 , 22529 Hamburg
Geschäftsführer / Verlagsleitung: Harald Hof
Druck: Books on Demand GmbH, In de Tarpen 42, 22848 Norderstedt

Imprint
Publisher: BABADADA GmbH, Nedderfeld 112 , 22529 Hamburg, Germany
Managing Director / Publishing direction: Harald Hof
Print: Books on Demand GmbH, In de Tarpen 42, 22848 Norderstedt

escola
sukuu

- dividir — kyɛmu
- quadro — bɔɔdo
- sala de aulas — adesua dan mu
- pátio da escola — sukuu asaase
- professor — ɔkyerɛkyerɛni
- papel — krataa
- escrever — twerɛ
- caneta — twerɛdua
- escrivaninha — pono
- régua — susudua
- livro — nwoma
- aluno — sukuuni

sacola
baage

estojo de lápis
adeɛ wɔde twerɛdua hyɛ mu

lápis
twerɛdua

apontador de lápis
adea wɔde sensene twerɛdua ano

borracha
rɔba

bloco de desenho
drɔɔwin nkrataa

escola - sukuu

desenho
drɔɔwin

pincel
adeɛ a wɔde bɔ akaadoo mu

estojo de tintas
akaadoo adaka

tesoura
apasoɔ

cola
aduro a wɔde sɔ nnɔɔma bɔ mu

livro de exercícios
krataa wɔyɛ dwumadie wɔ mu

lição de casa
efie adwuma

número
nɔma

somar
ka bom

subtrair
te frim

multiplicar
fabaho

calcular
bo ho nkonta

letra
atwerɛdeɛ

alfabeto
atwerɛdeɛ

palavra
asɛm

escola - sukuu

texto
atwerɛ

ler
kan

giz
chalk

hora
adesua

registro da classe
krataa a din ahodoɔ wɔ mu

exame
nsɔhwɛ

certificado
nimdeɛ krataa

uniforme escolar
sukuu ataadeɛ

educação
adesua

enciclopédia
encyclopedia

universidade
suapon kɛseɛ

microscópio
afidie a wɔde hwɛ adeɛ aniwa ntumi nhunu

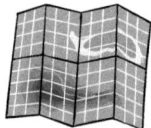
mapa
asaase mfonin a ɛwɔ krataa so

cesto de lixo
kɛntɛn a wɔde krataa na ayɛ a wɔde nwura gu mu

viagem
akwantuo

hotel
ahomegyebea

albergue
atenaeɛ

casa de câmbio
baabi aa yɛsesa

mala
baage a wɔde nnooma gu mu

carro
kaa

idioma
kasa

sim / não
aane / daabi

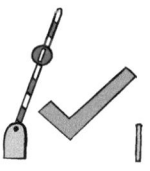

ok
Yoo

Olá
hɛlo

tradutor
deɛ wɔkyerɛkyerɛ kasa ase

obrigado
Medaase

quanto custa...?
... ɛyɛ sɛn?

eu não entendo
Menteaseɛ

problema
ɔhaw

boa noite!
Maadwo!

Bom dia!
Maakye!

Boa noite!
Da yie!

até logo
nante yie

direção
akwankyerɛ

bagagem
nnooma a wɔde tu kwan

bolsa
kotokuo

mochila
baage a yɛde bɔ yakyi

convidado
ɔhɔhoɔ

quarto
danmu

saco de dormir
bag a yɛda mu

barraca
ntomadan

viagem - akwantuo

informação turística
adesrafoɔ nsɛm

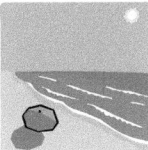

praia
po ano

cartão de crédito
krɛdit kaade

café da manhã
anopa aduane

almoço
awia aduane

jantar
anwumerɛ aduane

bilhete
tikiti

elevador
pagya

selo
agyinahyɛdeɛ

fronteira
ɛhyeɛ

alfândega
adwumayɛfoɔ a wɔgyina
aman mmienu hyeɛ so

embaixada
ɔman bi asoeɛ

visto
akwantuo krataa

passaporte
akwantuo krataa

viagem - akwantuo

transporte
ɛhyɛn

avião
ɛwiemhyɛn

navio
suhyɛn

carro de bombeiros
afidie wɔde dum gya

caminhão
ɛhyɛn

ônibus
bɔs

barco a motor
motoboto

carro
kaa

bicicleta
dadepɔnkɔ

balsa
subonto

barco
suhyɛn

motocicleta
dadepɔnkɔ

veículo policial
apolisifoɔ kaa

carro de corrida
kaa a wɔde si akan

carro de aluguel
hyɛn aa yɛ hain

compartilhamento de automóvel
kaa a wɔde ma obi de di dwuma

caminhão de reboque
kaa a wɔde twe ɛhyɛn a asɛe

caminhão de lixo
bɔɔla kaa

motor
moto

combustível
ngo

posto de gasolina
beaɛ a wɔtɔn pɛtro

placa de trânsito
trafik ahyɛnsodeɛ

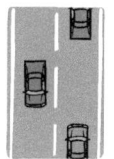

trânsito
trafik

trânsito lento
ɛhyɛn ntumi nkɔ ntɛm

estacionamento
kaa gyinabea

estação de trem
keteke steshin

trilhos
ketekye kwan

trem
ketekye

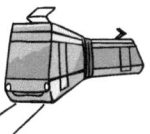

bonde
ketekye

vagão
afidie a wɔtena mu wɔ wiem tu kwan

transporte - ɛhyɛn

helicóptero
ewiemhyɛn

aeroporto
dadeɛanoma gyinabea

torre
dan tentene

passageiro
obi a wɔforo hyɛn

contêiner
adaka

cartolina
adaka

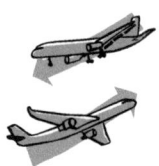

carroça
teaseɛnam

cesto
kɛntɛn

decolar / pousar
tu / si fam

cidade
kuropɔn

vilarejo
akurase

centro da cidade
kuropɔn hyiabea

casa
efie

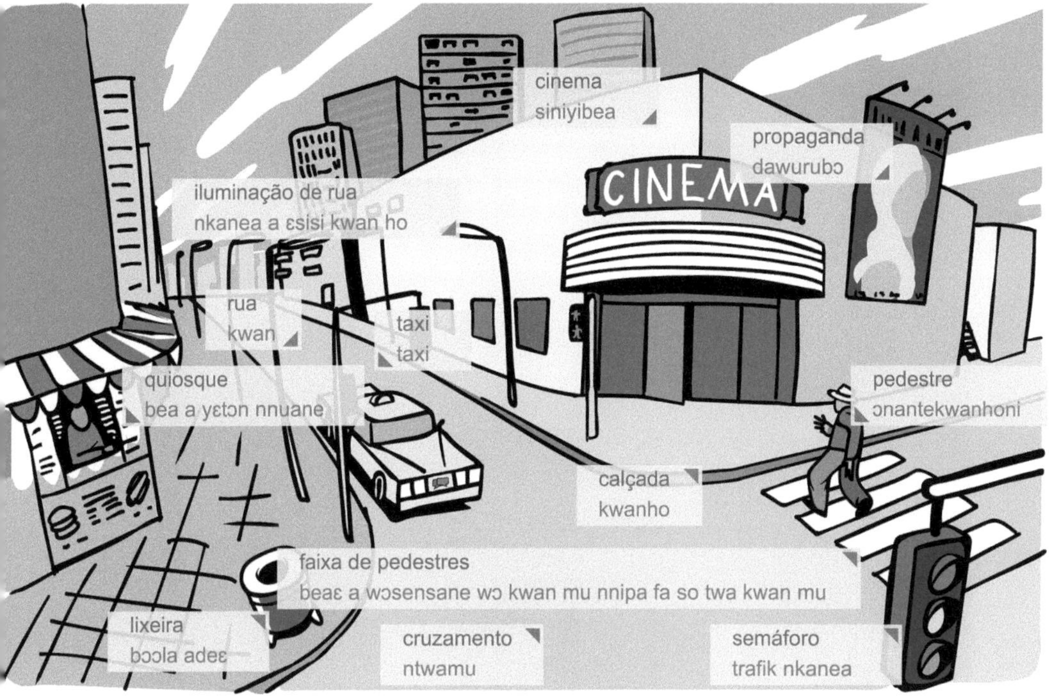

cinema
siniyibea

propaganda
dawurubɔ

iluminação de rua
nkanea a ɛsisi kwan ho

rua
kwan

taxi
taxi

quiosque
bea a yɛtɔn nnuane

pedestre
ɔnantekwanhoni

calçada
kwanho

faixa de pedestres
beaɛ a wɔsensane wɔ kwan mu nnipa fa so twa kwan mu

lixeira
boola adeɛ

cruzamento
ntwamu

semáforo
trafik nkanea

cabana

ntaabodan

apartamento

tenabea

estação de trem

keteke steshin

prefeitura

kurom nhyiadanmu

museu

mesiɔm

escola

sukuu

cidade - kuropɔn

universidade

suapon kɛseɛ

banco

sikakorabea

hospital

asopiti

hotel

ahomegyebea

farmácia

beaɛ a wɔtɔn nnuro

escritório

ɔfise

livraria

beaɛ a wɔtɔn nwoma

loja

beaɛ a wɔtɔn adeɛ

floricultura

nhwiren kuani

supermercado

dwakɛseɛmu

mercado

dwamu

loja de departamentos

asoeɛ sotɔɔ

peixaria

nnam tɔnfo

centro comercial

adetɔ beae

porto

suhyɛn gyinabea

parque
agodibea

banco
akonnwa

ponte
nsamsoɔ

escadas
adeɛ wɔee foro aborosan

metrô
asaasease

túnel
tɔkuro a w'atu no asaase mu de ayɛ kwan

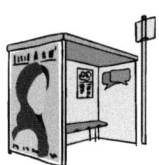

ponto de ônibus
ɛhyɛn gyinabea

bar
nsanombea

restaurante
adidibea

caixa de correspondência
krataa adaka

placa de rua
kwan ahyɛnsodeɛ

parquímetro
kaagyinaho meta

zoológico
mmoakurabea

piscina
nsuo a wɔdware mu

mesquita
masalakyi

cidade - kuropɔn

fazenda
afuo

poluição
ewiem sɛeɛ

cemitério
nsamanpɔ mu

igreja
asore

parquinho
agodibea

templo
hyiadan

paisagem
asaase

- folha — ahaban
- placa de sinalização — akyerɛkyerɛkwan
- caminho — kwan
- gramado — sare asaase
- pedra — boba
- árvore — dua
- caminhantes — pipo so foronii
- rio — asubontene
- grama — nsensan
- flor — nhwiren

paisagem - asaase

vale
ɛbɔn

montanha
bepɔ

lago
sutadeɛ

floresta
kwaeɛ

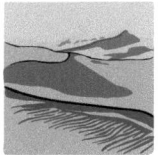
deserto
ɛserɛ so

vulcão
egya a ɛfiri bepɔ mu ba

castelo
ahenfie

arco-íris
nyankontɔn

cogumelo
mmire

palmeira
abɛdua

mosquito
ntontom

mosca
wasena

formiga
ntatea

abelha
wowa

aranha
ananse

paisagem - asaase

besouro
kukurubibi

sapo
apɔnkyerɛnee

esquilo
opuro

ouriço
kotoko

lebre
adanko

coruja
patuo

pássaro
anomaa

cisne
dabodabo

javali
kɔkɔte

veado
wansane

alce
torɔm

barragem
sutadeɛ

aerogerador
mframa tɛɛbain

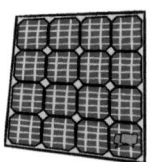

painel solar
adeɛ ɛtwe anyinam ahoden firi awia mu

clima
ewiem

paisagem - asaase

restaurante
adidibea

garçom
barima a wɔsom wɔ beaɛ a wɔtɔn aduane

menu
aduane ahodoɔ wɔtɔn

cadeira
akonwa

sopa
nkwan

pizza
pizza

toalha de mesa
ntoma a wɔde kata ɛpono so

talheres
atere ne nsikan a wɔde didie

entrada
ahyɛaseɛ

prato principal
aduane titriw

sobremesa
nnɔkɔnnɔkwade

bebidas
nsa

comida
aduane

garrafa
toa

restaurante - adidibea

fastfood
aduane wɔyɛ no ɔhare so

comida de rua
aduana a ɛyɛ kwan ho

bule de chá
tea kukuo

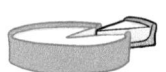

açucareiro
asikyire kyɛnsen

porção
fa

máquina de expresso
espresso afidie

cadeirão
akonwa tenten

conta
ka krataa

bandeja
apanpan

faca
sikanmoa

garfo
adinam

colher
atere

colher de chá
tea atere

guardanapo
ntoma a wɔde sɛ pono so

copo
ahwehwɛ

restaurante - adidibea

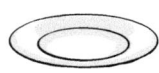		
prato	prato de sopa	pires
plɛɛte	nkwan plɛɛte	plɛte ketewa

molho	saleiro	moedor de pimenta
frɔyɛ	nkyene kukuo	adeɛ a wɔde twi mako
		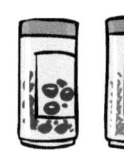
vinagre	óleo	especiarias
vinegar	anwa	atosodeɛ

ketchup	mostarda	maionese
ketchup	sinapi aba	mayonis

restaurante - adidibea

supermercado
dwakɛseɛmu

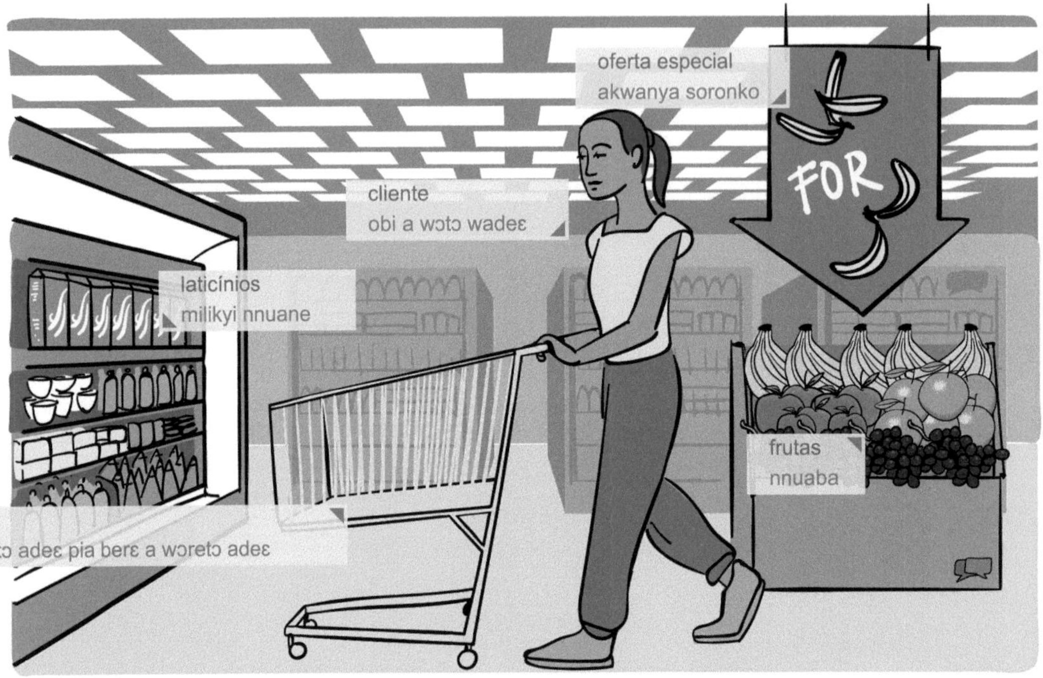

oferta especial
akwanya soronko
FOR
cliente
obi a wɔtɔ wadeɛ
laticínios
milikyi nnuane
frutas
nnuaba
tɔ adeɛ pia berɛ a wɔretɔ adeɛ

BUTCHERS

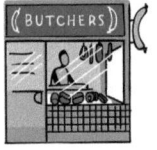

açougue

nnamtwafo

BAKERY

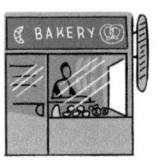

padaria

brodotofo

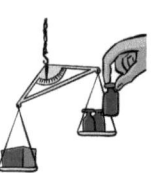

pesar

susu

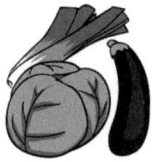

legumes

atosodeɛ

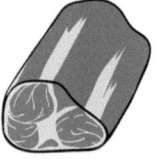

carne

nnam

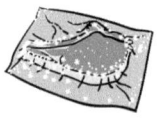

congelados

aduane a wɔde ahyɛ sukɔtwea adaka mu

charcutaria
nnam a yɛy nwunu

conservas
nnuane a ɛwɔ konku mu

detergente em pó
aduro a wɔde si nnooma

doces
adɔkɔkɔdɔkɔdeɛ

artigos domésticos
efie nnooma

produtos de limpeza
nnuro a wɔde hohoro nnooma ho

vendedora
adetɔni

caixa
adeɛ a wɔgye sika de gu mu

caixa
obi a wɔhwɛ sika so

lista de compras
nnooma a wobɛtɔ

horário de funcionamento
mmerɛ a ɔmo de bue

carteira
kotokuo

cartão de crédito
krɛdit kaade

sacola
bɔtɔ

saco plástico
rɔba bɔtɔ

supermercado - dwakɛseɛmu

bebidas
nsa

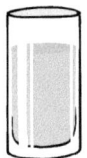
água
nsuo

suco
aduaba mu nsuo

leite
milikyi

coca-cola
coke

vinho
nsa

cerveja
beer

álcool
nsaden

cacau
kookoo

chá
tea

café
kɔfe

expresso
espresso

cappuccino
cappuccino

comida
aduane

banana
kwadu

maçã
aprɛ

laranja
akutuo

melão
mɛlɔn

limão
akutuo

cenoura
karɔt

alho
galeke

bambu
mpampuro

cebola
gyeene

cogumelo
mmire

nozes
nkateɛ

macarrão
talia

espaguete	arroz	salada
talia	ɛmo	salad

batatas fritas	batatas frias	pizza
kyips	aborodwomaa w'akye	pizza

hambúrger	sanduíche	escalope
hamburger	sandwiɔh	ntwetwade

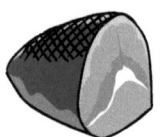

presunto	salame	salsicha
prɛko nam	salami	sɔsegye

galinha	assado	peixe
akokɔnam	toto	nsuomunam

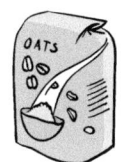
flocos de aveia
oats koko

granola
muesli

flocos de milho
cornflakes

farinha
esam

croissant
croissant

pãozinho
brodo a yabobɔ

pão
brodo

torrada
ho

biscoitos
biskit

manteiga
bɔta

requeijão
koko

bolo
ɔfam

ovo
kosua

ovo frito
kosua a yakye

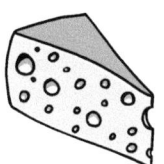
queijo
kyeese

comida - aduane

sorvete

ise krim

açúcar

asikyire

mel

ɛwoɔ

geleia

ɛam

creme de avelãs

kyɔkolate a wɔde yɛ aduane mu

curry

kɔri

comida - aduane

fazenda
afuo

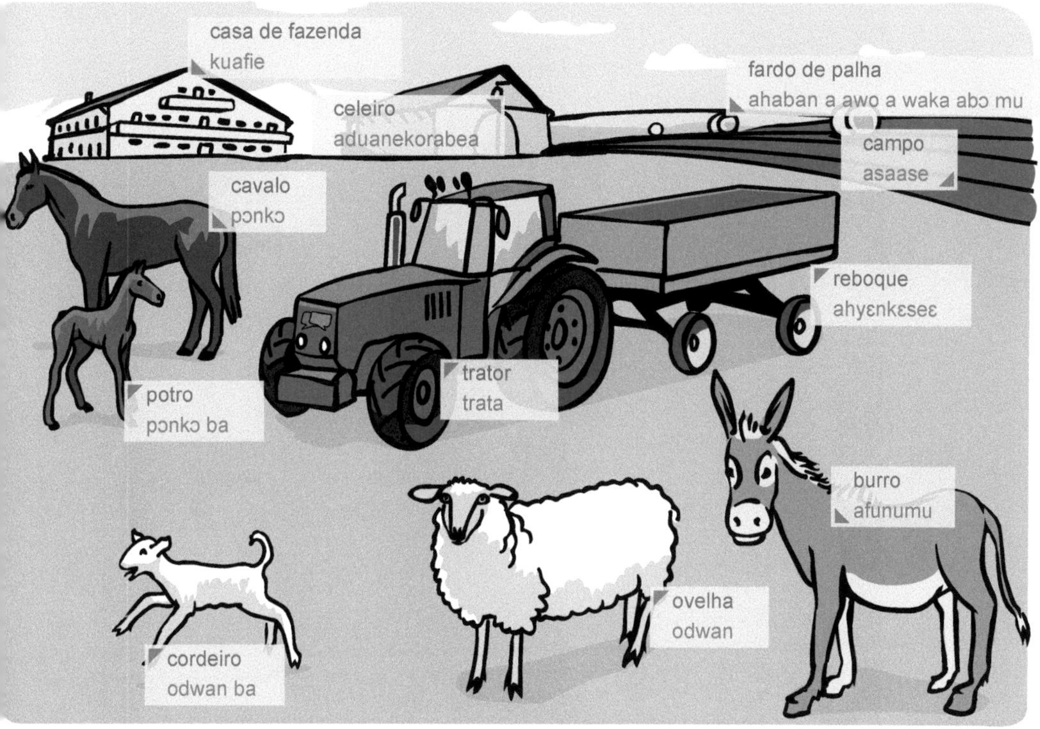

casa de fazenda
kuafie

celeiro
aduanekorabea

fardo de palha
ahaban a awɔ a waka abɔ mu

campo
asaase

cavalo
pɔnkɔ

reboque
ahyɛnkɛseɛ

potro
pɔnkɔ ba

trator
trata

burro
afunumu

cordeiro
odwan ba

ovelha
odwan

cabra
apɔnkye

vaca
nantwie

bezerro
nantwie ba

porco
prɛko

leitão
prɛko ba

touro
nantwinini

ganso
dabodabo

pato
dabodabo

pintinho
akokɔba

galinha
akokɔbedeɛ

galo
akokɔnini

ratazana
akura

gato
agyinamoa

camundongo
akura

boi
nantwi

cachorro
ɔkraman

casinha do cachorro
kramanfie

mangueira de jardim
drobɛn a wɔde nsuo fa mu gugu nnooma so

regador
toa wɔde nsuo gu mu de gugu nnooma so

foice
kantankrankyi

arado
afidie a wɔde funtum asaase ani

fazenda - afuo

foice
sɔsɔwa

enxada
asɔ

forquilha
fɔɔki kɛseɛ

machado
akuma

carrinho de mão
hweebaro

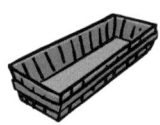

manjedoura
adea mmoa didi mu

jarra de leite
milikyi konku

saco
kotoku

cerca
ɛban

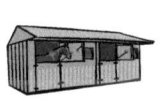

estábulo
mmoa dan

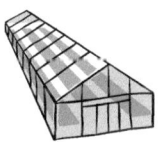

estufa
nnuaba dan mu

solo
anwea

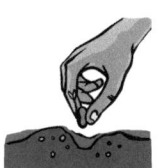

semente
aba

fertilizante
nnuro a wɔde gu mfudeɛ ho

colheitadeira
nnuanetwa kaa kɛse

fazenda - afuo

colher
twa

colheita
mfudeɛ

inhame
bayerɛ

trigo
ayuo

soja
soya

batata
aborɔdwomaa

milho
aburo

colza
rapedua aba

árvore frutífera
aduaba dua

mandioca
bankye

cereais
aburo aduane

fazenda - afuo

casa
efie

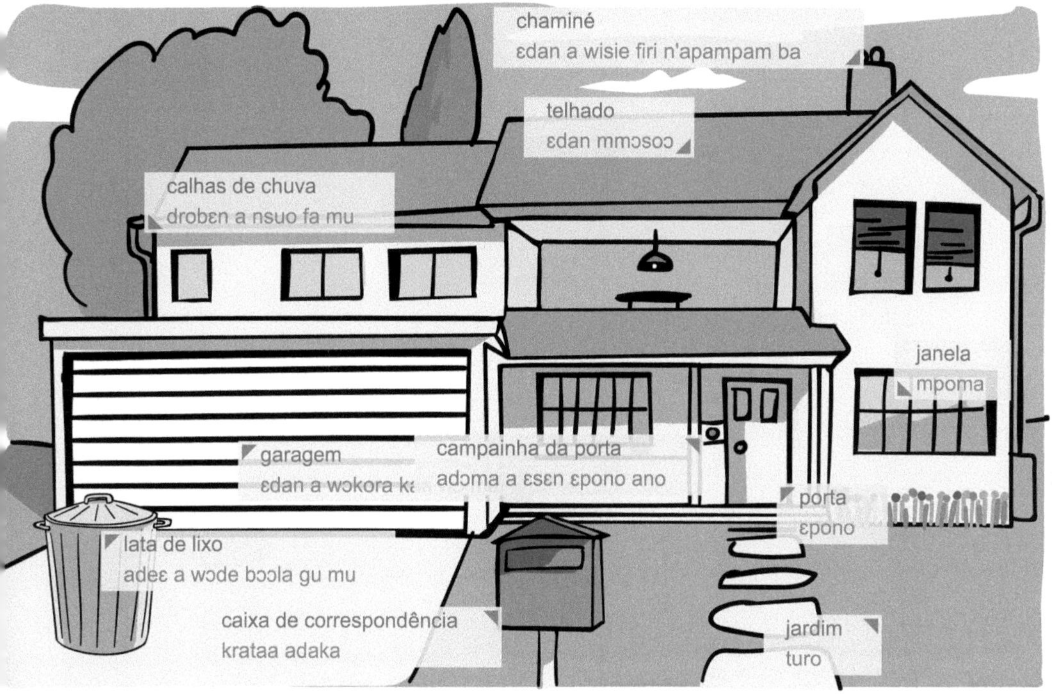

chaminé
ɛdan a wisie firi n'apampam ba

telhado
ɛdan mmɔsoɔ

calhas de chuva
drobɛn a nsuo fa mu

janela
mpoma

garagem
ɛdan a wɔkora kɛ

campainha da porta
adɔma a ɛsɛn ɛpono ano

porta
ɛpono

lata de lixo
adeɛ a wɔde bɔɔla gu mu

caixa de correspondência
krataa adaka

jardim
turo

sala de estar
ɛdan a wɔtena mu

banheiro
adwareɛ

cozinha
gyaade

quarto de dormir
piam

quarto de criança
abɔfra dan mu

sala de jantar
ɛdan a wɔdidi wɔ mu

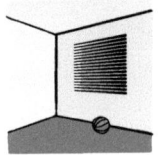
chão
fam

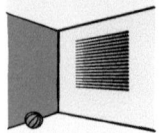
parede
ɛban

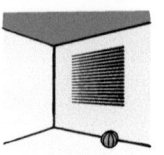
teto
siilin

porão
ɛdan a ɛhyɛ fam

sauna
beaɛ a wɔkɔtɔ hyew

varanda
pɔɔkye

terraço
asaase a wafuntum na wɔde dua nnɔbaeɛ

piscina
nsuo a wɔdware mu

cortador de grama
afidie a wɔde dɔ

lençol
krataa

coberta
nnasoɔ

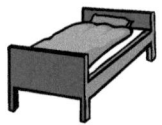
cama
mpa

vassoura
praeɛ

balde
bɔkiti

interruptor
deɛ wɔde sɔ kanea

casa - efie

sala de estar
ɛdan a wɔtena mu

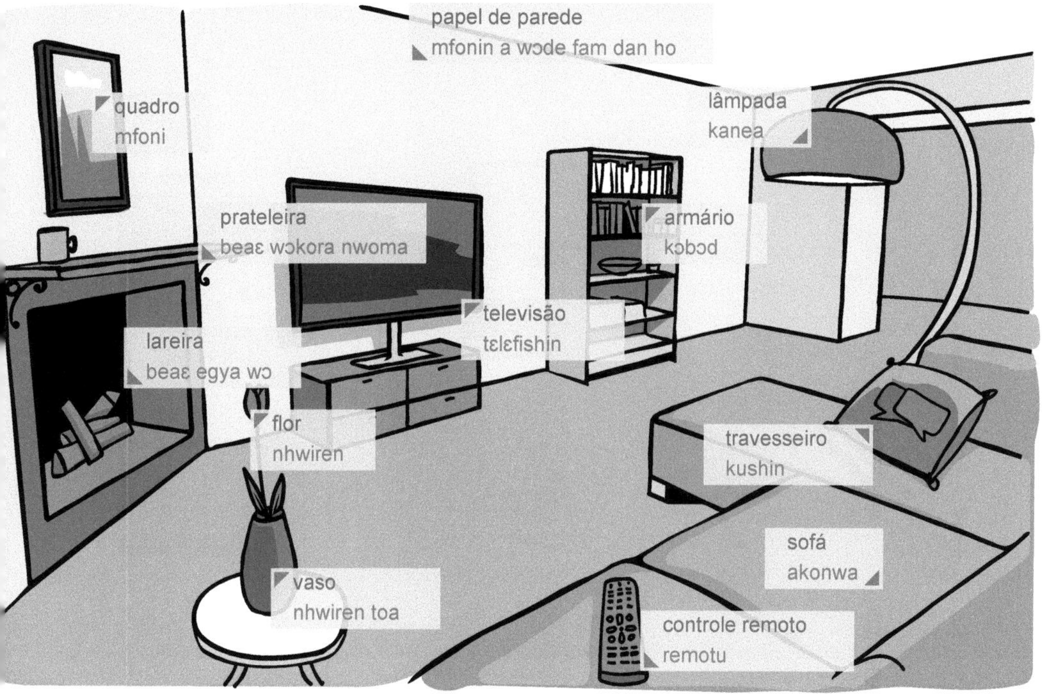

- papel de parede / mfonin a wɔde fam dan ho
- quadro / mfoni
- lâmpada / kanea
- prateleira / beaɛ wɔkora nwoma
- armário / kɔbɔd
- lareira / beaɛ egya wɔ
- televisão / tɛlɛfishin
- flor / nhwiren
- travesseiro / kushin
- vaso / nhwiren toa
- sofá / akonwa
- controle remoto / remotu

tapete
kapɛt

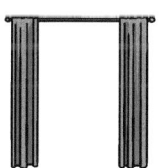

cortina
kɛtin

mesa
pono

cadeira
akonwa

cadeira de balanço
akonwa aa ɛkɔ anim ne akyi

poltrona
nsaakonwa

livro
nwoma

cobertor
kuntu

decoração
beaɛ asiesie

lenha
egya

filme
mfoni

equipamento de som
hi-fi afidie

chave
safoa

jornal
dawurubɔ krataa

pintura
akaado

pôster
mfoni

rádio
akasanoma

bloco de notas
nwoma a wɔtwerɛ nsɛmpɔ gu mu

aspirador
afidie a wɔde pra mfuturo

cacto
cactus

vela
kandele

sala de estar - ɛdan a wɔtena mu

cozinha
gyaade

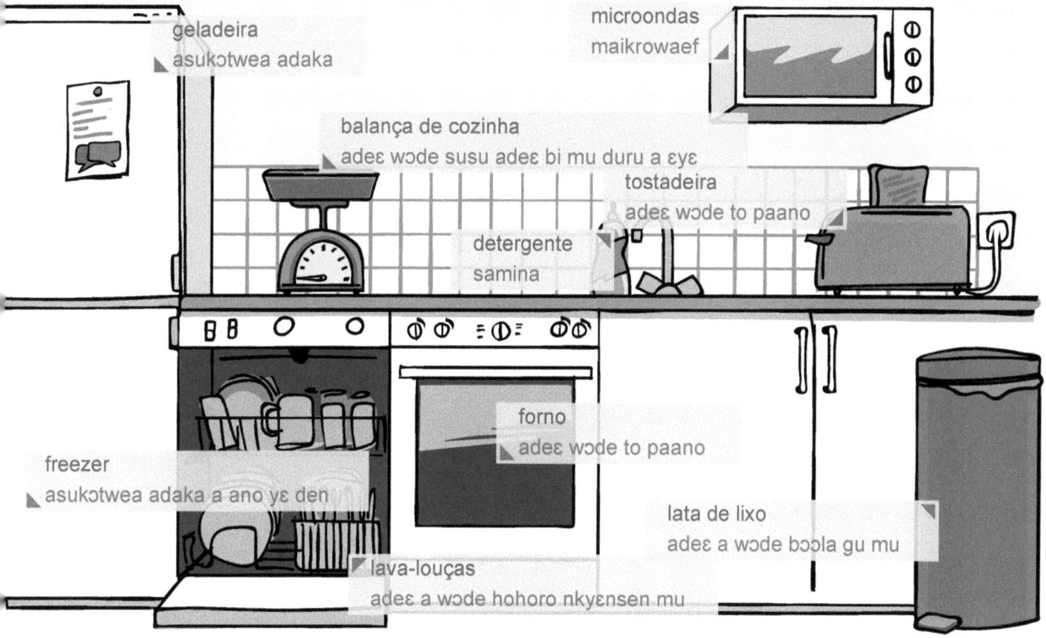

geladeira
asukɔtwea adaka

microondas
maikrowaef

balança de cozinha
adeɛ wɔde susu adeɛ bi mu duru a ɛyɛ

tostadeira
adeɛ wɔde to paano

detergente
samina

forno
adeɛ wɔde to paano

freezer
asukɔtwea adaka a ano yɛ den

lata de lixo
adeɛ a wɔde bɔɔla gu mu

lava-louças
adeɛ a wɔde hohoro nkyɛnsen mu

fogão
adeɛ a wɔde noa aduane

panela
kukuo

panela de ferro
dadesɛn

wok / kadai
wok / kadai

frigideira
pan

chaleira
adeɛ wɔde noa nsuo

cozinha - gyaade

panela a vapor

nea yɛde ka aduane hye

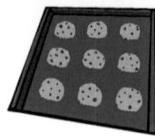

tabuleiro de forno

adeɛ wɔto so paano

louça

nkyɛnsen a wɔdidi mu

caneca

kuruwa

caçarola

kyɛnsen

hashi

nnua a wɔde didie

concha de sopa

kwantere

espátula

atere

batedor

adeɛ wɔde nu adeɛ mu

escorredor

sɔneɛ

peneira

sɔneɛ

ralador

adeɛ a wɔde twi adeɛ

almofariz

waduro

churrasqueira

adeɛ a wɔde toto nam

lareira

egya a biribiara mmɔ ho ban

cozinha - gyaade

tábua de cortar

adeɛ a wɔtwitwa so nnoɔma

rolo da massa

adea wɔde twi nnoɔma

saca-rolhas

adeɛ a wɔde tu toa ano

lata

konku

abridor de latas

adeɛ wɔde bie konku so

pegador de panela

nea yɛde sɔ kukuo mu

pia

adeɛ a wɔhohoro nkyɛnse wɔ mu

escova

adeɛ a wɔde twitwi

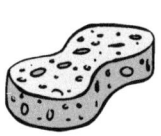

esponja

sapɔ

liquidificador

afidie wɔde yam nnuane

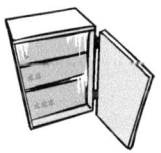

congelador

asukɔtwea adaka a ano yɛ den

mamadeira

abɔfra toa

torneira

nsuo

cozinha - gyaade 37

banheiro
adwareɛ

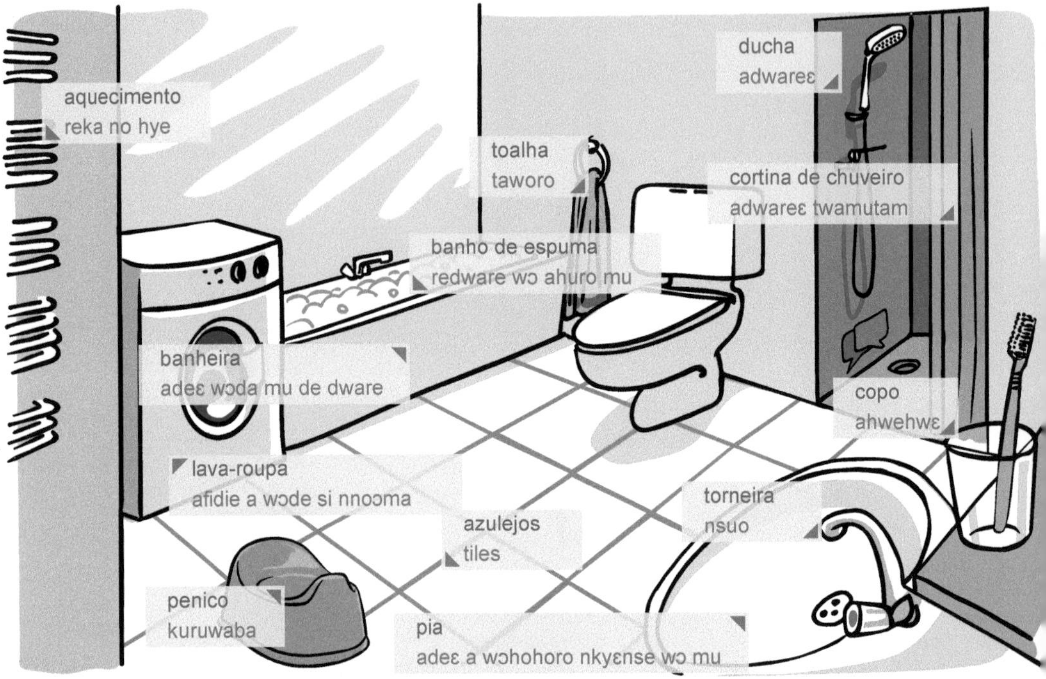

- aquecimento / reka no hye
- ducha / adwareɛ
- toalha / taworo
- cortina de chuveiro / adwareɛ twamutam
- banho de espuma / redware wɔ ahuro mu
- banheira / adeɛ wɔda mu de dware
- copo / ahwehwɛ
- lava-roupa / afidie a wɔde si nnɔɔma
- azulejos / tiles
- torneira / nsuo
- penico / kuruwaba
- pia / adeɛ a wɔhohoro nkyɛnse wɔ mu

vaso sanitário

agyananbea

lavabo de agachar

agyananbea a wɔkotoso

bidê

bidet

mictório

dwonsɔbea

papel higiênico

tiafi krataa

escova de privada

adeɛ a wɔde twitwi agyanbea

escova de dentes

adeɛ wɔde twitwiri ɛse

pasta de dentes

aduro wɔde twitwiri ɛse

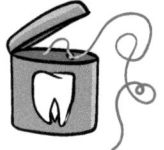

fio dental

adeɛ wɔde yiyi ɛse ntam

lavar

si

ducha de mão

adeɛ wɔsɔ mu de dware

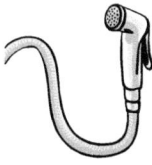

ducha íntima

adeɛ nsuo fa mu na wɔde hohoro mmaa ase

bacia

adeɛ wɔsi nnooma wɔ mu

escova para as costas

adeɛ wɔde twitwi yakyi

sabonete

samina

gel de banho

adwareɛ samina

xampu

deɛ wɔde hohoro tirinwii mu

toalha de rosto

ntoma wɔde asaawa na ayɛ

escoamento

nsuokwan

creme

nkuu

desodorante

aduro a wɔde fa mmɔtoamu

espelho

ahwehwɛ

espelho de mão

ahwehwɛ kumaa

barbeador

yiwan

espuma de barbear

aduro a wɔde yi

loção pós-barba

aduro a wɔde sera beaɛ wayi

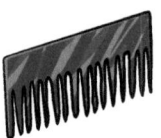

pente

afe

escova

brɔsh

secador de cabelo

afidie a wɔde ka nwii ma no wo

spray de cabelo

adeɛ wɔde aduro gu mu de gu nwii so

maquiagem

adeɛ wɔde yɛn wɔn anim

batom

adeɛ wɔde keka ano

esmalte de unhas

aduro a wɔde ka mmɔwerɛ so

algodão

asaawa

tesoura para unhas

apasoɔ a wɔde twitwa mmɔwerɛ

perfume

aduham

nécessaire

baage a wɔde nnooma gu mu wɔ adwareɛ

banquinho

akonwa

balança

afidie a wɔde susu adeɛ bi mu duro

roupão de banho

ataadeɛ wɔhyɛ berɛ a wɔrekɔdware

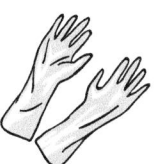

luvas de borracha

adeɛ wɔde hyɛ wɔn nsa a wɔde rɔba na ayɛ

absorvente interno

adeɛ wɔde twe nsuo firi pirakuro mu

absorvente íntimo

deɛ mmaa de siesie wɔn ho berɛ wɔn abu wɔn nsa

banheiro químico

agyananbea a wɔde nnuro kora

quarto de criança
abɔfra dan mu

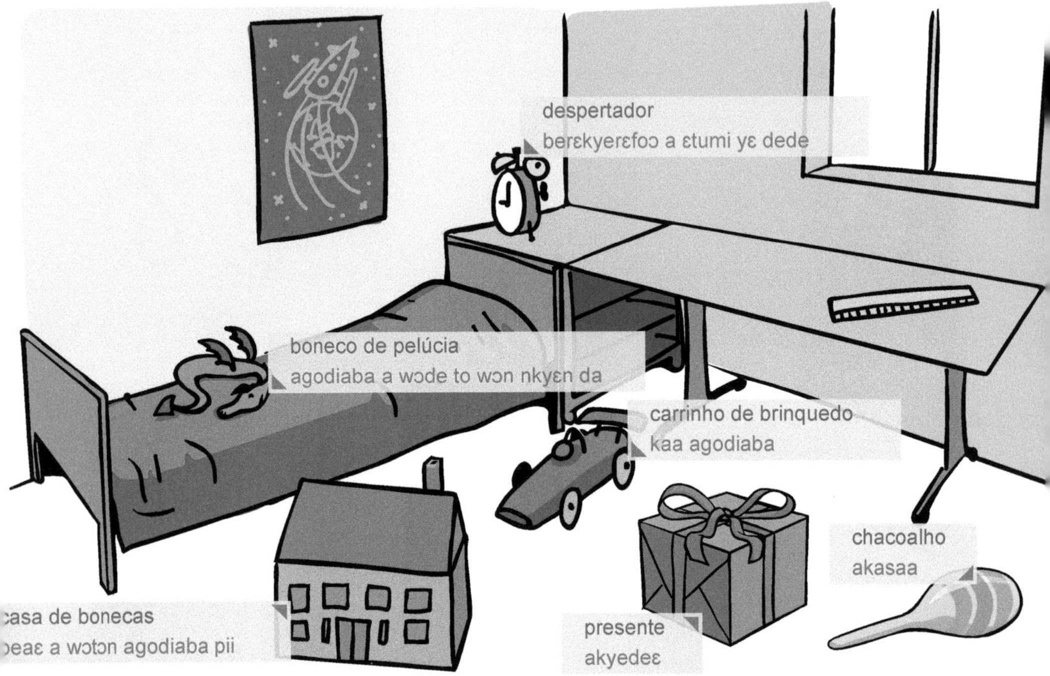

despertador
berɛkyerɛfoɔ a ɛtumi yɛ dede

boneco de pelúcia
agodiaba a wɔde to wɔn nkyɛn da

carrinho de brinquedo
kaa agodiaba

chacoalho
akasaa

casa de bonecas
beaɛ a wɔtɔn agodiaba pii

presente
akyedeɛ

balão
baluu

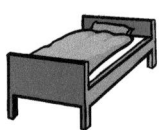

cama
mpa

carrinho de bebê
adeɛ a wɔde mmɔfra to mu pia wɔn

jogo de cartas
nkrataa a ɛhyɛ adaka mu

quebra-cabeças
mfonin asiniasini a wɔkeka si ani hyehyɛ

revista de quadrinhos
mmɔfra aseresɛm nwoma

peças de Lego
lego bricks

blocos de construção
blɔks a wɔde si dan

figura de ação
mmɔfra agodiaba

macaquinho de bebê
mmɔfra ataade a wɔayɛ abɔ mu

frisbee
frisbee

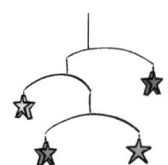

móbile para bebé
agodiaba a wɔde sensɛne mmɔfra mpa so

jogo de tabuleiro
agorɔ a ɛwɔ pono so

dados
ludu aba

trenzinho elétrico
ketekye ketewa

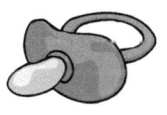

chupeta
adeɛ a wɔde hyɛ mmɔfra anumu

festa
apontoɔ

livro ilustrado
krataa mfonin wɔ mu

bola
bɔɔlo

boneca
agodiaba

brincar
di agorɔ

quarto de criança - abɔfra dan mu

caixa de areia

adeɛ wɔde anwea agu mu a mmɔfra di mu agorɔ

balanço

adonko

brinquedos

agodiaba

videogame

afidie abɛɛfo agodie wɔ so a wɔbɔ

triciclo

dadepɔnkɔ a ne nan yɛ mmiensa

ursinho de pelúcia

sisire agodiaba

guarda-roupa

wɔdrop

vestuário

ataadeɛ

meias

adeɛ a wɔhyɛ ansa na wahyɛ mpaboa

meias pelo joelho

ataade tenten a wɔhyɛ wɔ wɔn nan ho

meias-calças

ataadeɛ a ɛkyekyere deɛ wahyɛ no

vestuário - ataadeɛ

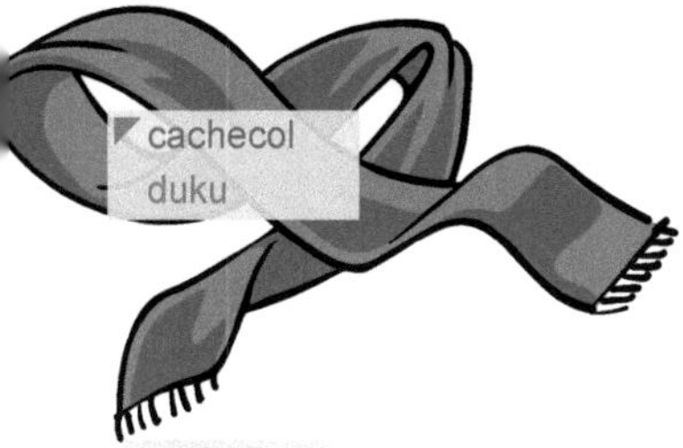

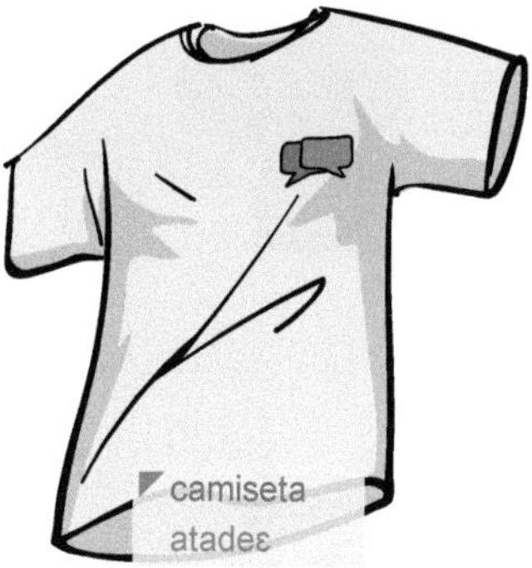

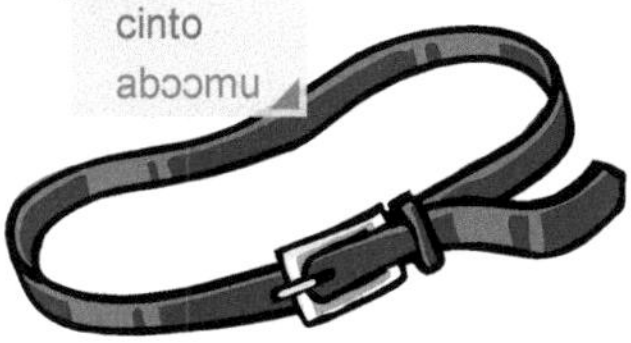

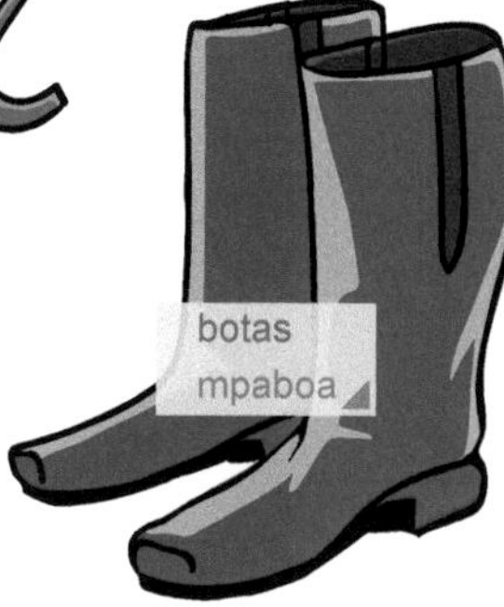

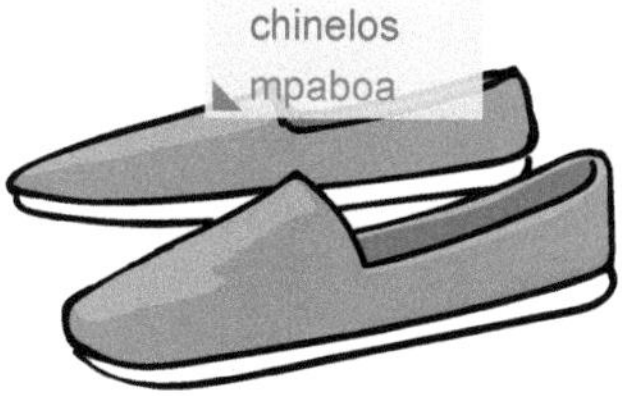

cachecol
duku

guarda-chuva
kyinie

camiseta
atadeɛ

cinto
abɔɔmu

botas
mpaboa

chinelos
mpaboa

tênis
mpaboa

sandálias

mpaboa

sapatos

mpaboa

botas de borracha

rɔba mpaboa

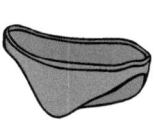

roupa de baixo

drɔs

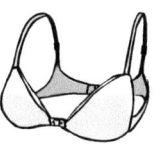

sutiã

adeɛ mmaa hyɛ de kora
wɔn nufu

camiseta de baixo

fɛst

vestuário - ataadeɛ

body
nipadua

calças
trɔsa

jeans
gyins

saia
skɛɛte

blusa
mmaa ataade soro

camisa
ataadesoro

pulôver
swata

suéter com capuz
ataadeɛ a ɛkyɛ wɔ mu

blazer
kootu

jaqueta
ataade ngusoɔ

casaco
kootu

gabardine
ataadeɛ wɔhyɛ berɛ nsuo retɔ

traje
ataadehyɛ

vestido
ataadeɛ

vestido de casamento
ayifrɔ atadeɛ

vestuário - ataadeɛ

terno

ataade nkatasoɔ

camisola

ataadeɛ a yɛhyɛ de da

pijama

pigyamas

sari

sari

lenço de cabeça

duku

turbante

duku

burca

ataadeɛ Nkramofoɔ mmaa hyɛ na ɛkata wɔn tiri so de kɔsi wɔn nan ase

cafetã

kaftan

abaya

abaya

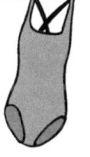

maiô

ataadeɛ a wɔhyɛ de dware nsuo mu

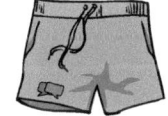

sunga

nika

shorts

nika

roupa de treino

traksuit

avental

ntoma a wɔde kata wɔn kɔnmu berɛ wɔreyɛ aduane

luvas

adeɛ wɔde hyɛ wɔn nsa

vestuário - ataadeɛ

botão

batin

óculos

ahwehwɛniwa

pulseira

adeɛ wɔde to wɔn nsa

colar

kɔnmuade

anel

kawa

brinco

asomadeɛ

boné

ɛkyɛ

cabide

adeɛ a wɔde kootu hyɛ so

chapéu

ɛkyɛ

gravata

abɔɔmenemu

zíper

zip

capacete

ɛkyɛ a wɔhyɛ de twi motosakre

suspensórios

bresis

uniforme escolar

sukuu ataadeɛ

uniforme

ataadeɛ

vestuário - ataadeɛ

babador
adeɛ a wɔde gu abɔfra kɔn mu berɛ a wɔredidi

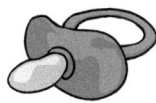

chupeta
adeɛ a wɔde hyɛ mmɔfra anumu

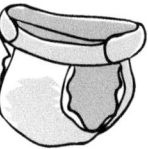

fralda
moase tam

escritório
ɔfise

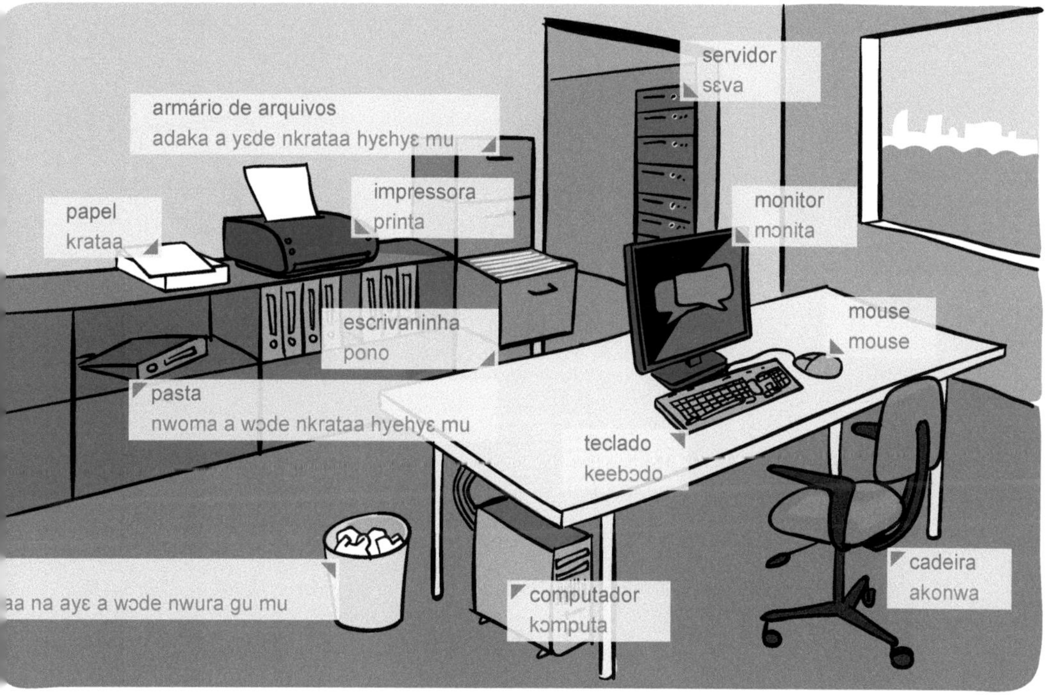

- armário de arquivos — adaka a yɛde nkrataa hyɛhyɛ mu
- papel — krataa
- impressora — printa
- servidor — sɛva
- monitor — monita
- escrivaninha — pono
- pasta — nwoma a wɔde nkrataa hyɛhyɛ mu
- mouse — mouse
- teclado — keebɔdo
- ...aa na ayɛ a wɔde nwura gu mu
- computador — kɔmputa
- cadeira — akonwa

xícara de café
kɔfe kuruwa

calculadora
afidie a wɔde bu nkonta

internet
intanɛt

escritório - ɔfise

laptop
laptɔp

carta
krataa

mensagem
nkratoɔ

celular
mobile

rede
nɛtwɛk

copiadora
fotokɔpia

software
sɔftwɛɛ

telefone
tetefon

tomada
plɔg sɔkɛti

fax
fax afidie

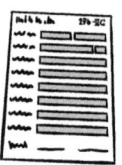
formulário
krataa

documento
krataa

escritório - ɔfise

economia
sikasem

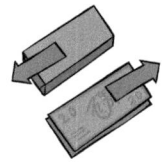

comprar
tɔ

pagar
tua

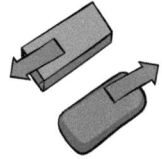

negociar
tɔn

dinheiro
sika

Dólar
dollar

Euro
euro

Yen
yen

rublo
rouble

franco suíço
Swiss franc

renminbi yuan
renminbi yuan

rupia
rupee

caixa eletrônico
sikabea

casa de câmbio
baabi aa yɛsesa

ouro
sikakɔkɔɔ

prata
dwetɛ

petróleo
ngo

energia
ahoɔden

preço
ne boɔ

contrato
nteaseɛ a ɛwɔ krataa so

imposto
ɛtoɔ

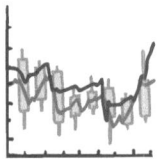
ação
stock

trabalhar
yɛ adwuma

empregado
odwumayɛni

empregador
obi a wafa obi adwumamu

fábrica
afidihyehyɛbea

loja
beaɛ a wɔtɔn adeɛ

economia - sikasem

profissões
nnwuma ahodoɔ

policial — polisini

bombeiro — gyadumni

cozinheiro — obi a wɔnoa aduane

médico — dɔkota

piloto — obi a wɔtwi ewiemhyɛn

jardineiro
kuani

marceneiro
nnuaseni

costureira
ɔbaa a wɔpam adeɛ

juiz
otɛnmuani

químico
dufrani

ator
siniyifoɔ

motorista de ônibus
hyɛnkani

motorista de táxi
taxi drɔba

pescador
ɔfarifo

faxineira
ɔbaa wɔpopa beaɛ

telhador
obi a wɔbɔ dan so

garçom
barima a wɔsom wɔ beaɛ a wɔtɔn aduane

caçador
ɔbɔmofo

pintor
obi wode akaado keka ɛden ne nnoɔma aka ho

padeiro
brodotofo

eletricista
obi a wɔyɛ nkaneɛ ho adwuma

construtor
dansifo

engenheiro
obi a wɔyɛ mfidie akɛseɛ ho adwuma

açougueiro
namtɔnfo

encanador
obi a wɔhyehyɛ drobɛn a nsuo fa mu

carteiro
obi a wɔde nkrataa a amanfoɔ atwerɛ soma no

profissões - nnwuma ahodoɔ

soldado
ɔsrani

arquiteto
obi a wɔyɛ adansie ho adwuma

caixa
obi a wɔhwɛ sika so

florista
obi a wotɔn nhwiren

cabelereiro
obi a wɔyɛ tire

condutor
deɛ wɔgyegye sika wɔ ɛhyɛn mu

mecânico
obi a wɔsiesie ɛhyɛn

capitão
panin

dentista
dɔkota a wɔhwɛ se

cientista
abodeɛmu nyasapɛni

rabino
ɔkyerɛkyerɛni

imam
imam

monge
monk

pastor
sofo

profissões - nnwuma ahodoɔ

ferramentas
akadeɛ

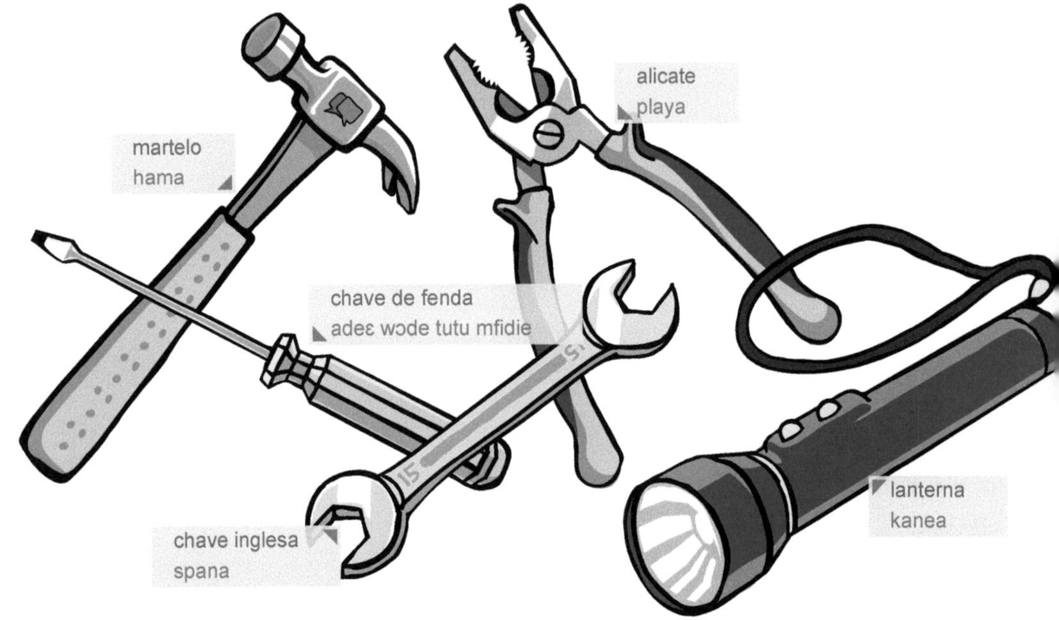

martelo
hama

alicate
playa

chave de fenda
adeɛ wɔde tutu mfidie

chave inglesa
spana

lanterna
kanea

escavadora

afidie a wɔde tu fam

caixa de ferramentas

adaka a wɔde nnooma a
wɔde yɛ adwuma gu mu

escada de mão

atwedeɛ

serra

sradaa

pregos

nnadowa

furadeira

afidie a wɔde mmia nnooma
mu

ferramentas - akadeɛ

consertar
siesie

pá
sofi

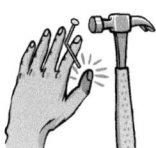

Droga!
Yieee!

pá de lixo
asesa nwura

pote de tinta
akaado kora

parafusos
dadeɛ wɔde bobɔ nnooma mu

instrumentos musicais
mfidie a wɔde bɔ nnwom

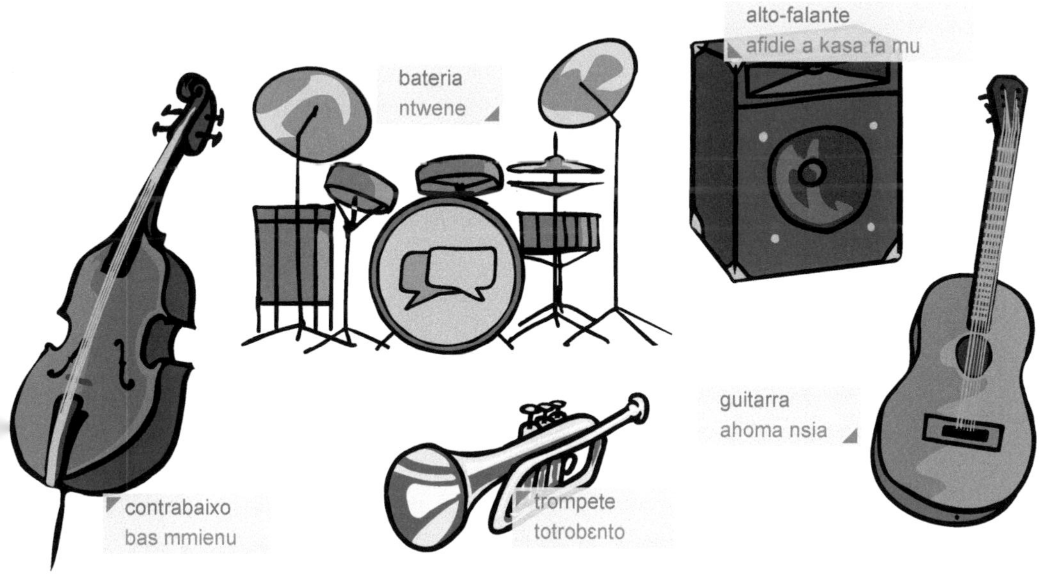

bateria
ntwene

alto-falante
afidie a kasa fa mu

guitarra
ahoma nsia

contrabaixo
bas mmienu

trompete
totrobɛnto

piano
sankuo

violino
sankuo

baixo
ahoma nsia

timbales
timpani

tambor
ntwene

teclado
sankuo

saxofone
sasofon

flauta
trobɛnto

microfone
akasanoma

instrumentos musicais - mfidie a wɔde bɔ nnwom

zoológico
mmoakurabea

- tigre / sebɔ
- entrada / baabi a wɔfra wura m
- gaiola / ɛban
- zebra / sare so afurum
- ração animal / mmoa aduane
- panda / kankane

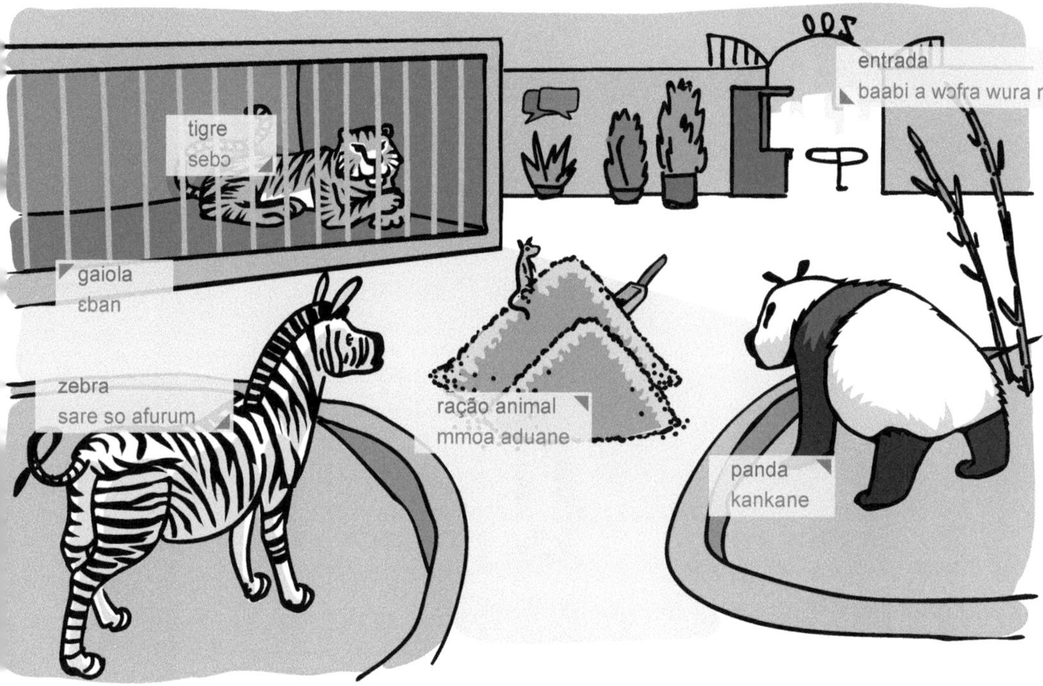

animais
mmoa

elefante
ɔsono

canguru
kangaroo

rinoceronte
bɛnkorɔ

gorila
akaatia

urso
sisire

zoológico - mmoakurabea

camelo
yoma

avestruz
sohori

leão
gyata

macaco
kontromfi

flamingo
asukɔnkɔn

papagaio
ako

urso polar
sisire

pinguim
penguin

tubarão
oboodede

pavão
kohaa

cobra
ɔwɔ

crocodilo
dɛnkyɛm

guarda do zoológico
mmoasohwɛfo

foca
sukraman

jaguar
sebɔ

zoológico - mmoakurabea

pônei
pɔnkɔ ketewa

leopardo
etwie

hipopótamo
susono

girafa
kɔntenten

águia
ɔkɔdeɛ

javali
kɔkɔte

peixe
nsuomunam

tartaruga
sudanda

morsa
sukraman

raposa
sakraman

gazela
adowa

zoológico - mmoakurabea

esportes
agokansie

atividades
dwumadie ahodoɔ

- pular / huri
- abraçar / fam
- rir / sre
- andar / nante
- cantar / to nwom
- sonhar / so daeɛ
- rezar / bɔ mpaeɛ
- beijar / fe ano

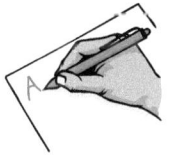

escrever
twerɛ

desenhar
dwidwi

mostrar
kyerɛ

empurrar
pia

dar
ma

tomar
fa

ter
gye

fazer
yɛ

ser
yɛ

ficar de pé
gyina

correr
tu mirika

puxar
twe

jogar
to

cair
tɔ fam

deitar
twa ntorɔ

esperar
twɛn

carregar
soa

sentar
tena ase

vestir
hyɛ atadeɛ

dormir
da

despertar
sɔre

atividades - dwumadie ahodoɔ

olhar para hwɛ	chorar su	acariciar fa wo nsa fefa ho

pentear nunu wotirim	falar kasa	entender te aseɛ

perguntar bisa	ouvir tie	beber nom

comer didi	arrumar siesie	amar dɔ

cozinhar noa	dirigir ka kaa	voar tu

atividades - dwumadie ahodoɔ

velejar
ka

calcular
bo ho nkonta

ler
kan

aprender
sua

trabalhar
yɛ adwuma

casar
ware

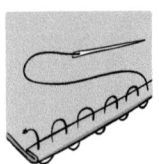
costurar
pam

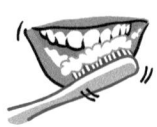
escovar os dentes
twitwi wo se

matar
kum

fumar
hye

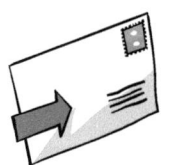
enviar
soma

família
abusua

- avó / nanabaa
- avô / nana barima
- pai / papa
- mãe / maame
- bebê / abɔfra
- filha / babaa
- filho / babarima

convidado
ɔhɔhoɔ

tia
sewaa

tio
wɔfa

irmão
nua barima

irmã
nuabaa

corpo
nipadua

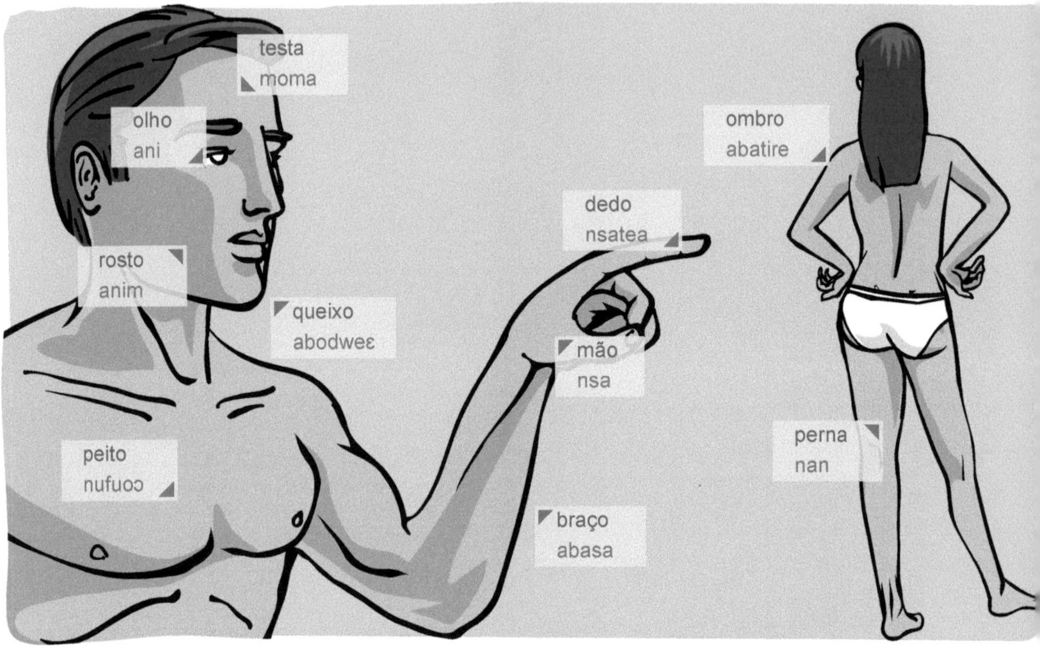

- testa / moma
- olho / ani
- ombro / abatire
- dedo / nsatea
- rosto / anim
- queixo / abodwea
- mão / nsa
- peito / nufuoɔ
- perna / nan
- braço / abasa

bebê
abɔfra

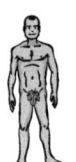

homem
barima

mulher
ɔbaa

menina
abaayewa

menino
abarimaa

cabeça
ɛtire

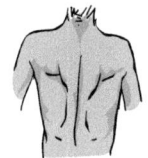

costas
akyi

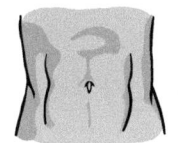

barriga
yafunu

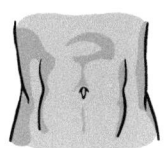

umbigo
furuma

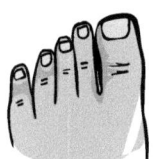

dedo do pé
nansoa

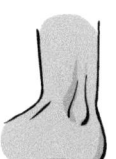

calcanhar
nantini

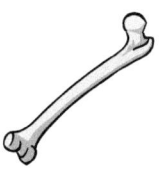

osso
dompe

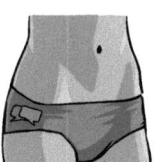

anca
sisi

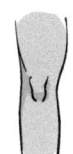

joelho
kotodwe

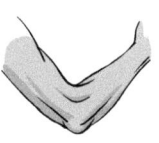

cotovelo
abatwerɛ

nariz
hwene

nádegas
ɛtoɔ

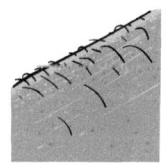

pele
wedeɛ

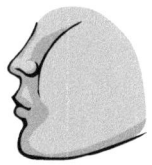

bochecha
afono

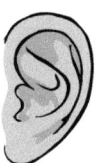

orelha
aso

lábio
ano

corpo - nipadua

boca
ano

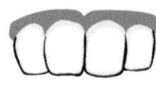
dente
ɛse

língua
tɛkyerɛma

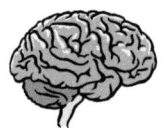
cérebro
adwene

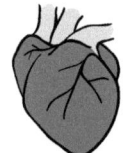
coração
akoma

músculo
honam

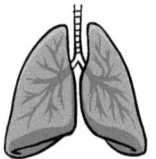
pulmão
ahrawa

fígado
brɛbɔɔ

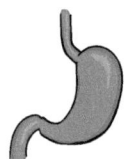
estômago
afuro

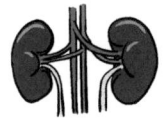
rins
sawa

relações sexuais
barima ne ɔbaa nna mu nhyiamu

preservativo
kɔndɔm

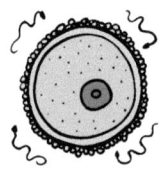
óvulo
nkosua a ɛwɔ obaa mu

esperma
barima ho nsuo

gravidez
nyinsɛn

corpo - nipadua

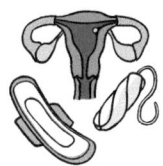  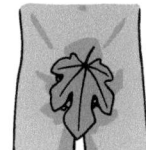

menstruação	vagina	pênis
brayɔ	ɛtwɛ	kɔteɛ

 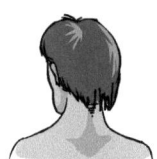

sobrancelha	cabelo	pescoço
aniakyi nwii	nwii	kɔn

hospital
asopiti

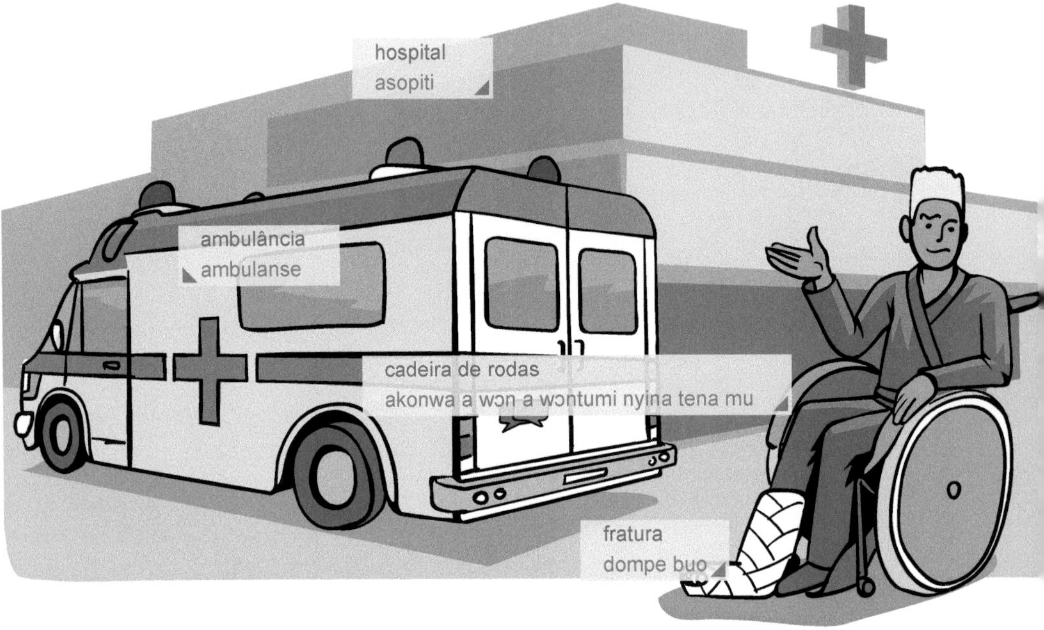

hospital
asopiti

ambulância
ambulanse

cadeira de rodas
akonwa a wɔn a wɔntumi nyina tena mu

fratura
dompe buo

médico
dɔkota

pronto-socorro
ɛdan a wɔde wɔn a wɔn apira kɔ mu kɔhwɛ wɔn ɔhare so

enfermeira
nɛɛse

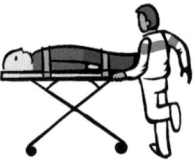

emergência
putupru

inconsciente
fenti

dor
yaw

ferimento
pira

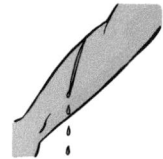

hemorragia
mogyatuo

ataque cardíaco
akoma yareɛ

acidente vacular cerebral
nwodwoɔ yareɛ

alergia
adeɛ wo honam mpɛ

tosse
ɛwa

febre
ahoɔhyeɛ

gripe
papu

diarreia
ayɛmhwie

dor de cabeça
tiripayɛ

câncer
kokoram

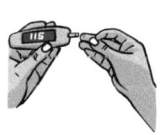

diabetes
asikyire yareɛ

cirurgião
dɔkotani wɔpaepae obi sa no yareɛ

bisturi
sekamma

operação
repaepae obi ho asa no yareɛ

hospital - asopiti

CT
CT

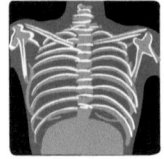

raio x
x-ray

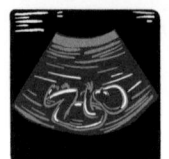

ultrassom
mfonin a wɔtwa de hwɛ awodeɛ mu

máscara
anim nkatadeɛ

doença
yareɛ

sala de espera
dan aa yɛtwɛn wɔ mu

muleta
klɔkye

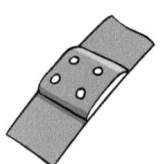

bandeide
plasta

ligadura
bandege

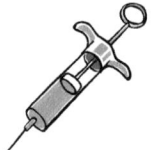

injeção
paneɛ

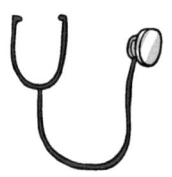

estetoscópio
afidie a wɔde tie dede wɔ nnipa ho

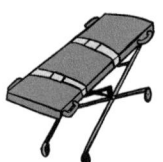

maca
mpa

termômetro
afidie wɔde hwɛ ahoɔhyeɛ

nascimento
awoɔ

excesso de peso
kɛseyɛ mmorosoɔ

hospital - asopiti

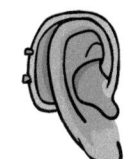
aparelho auditivo

afidie a ɛboa ma obi te asɛm yie

desinfetante

aduro a wɔde ko tia yaremmoa bateria

infecção

yareɛ nsaeɛ

vírus

yaremmoawa

HIV / AIDS

HIV / AIDS

medicamento

aduro

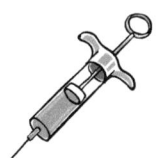
vacinação

nsianoaduru paneɛwɔ

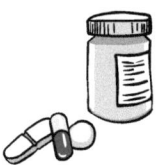
comprimidos

nnuro a wɔmene

pílula

aduro a wɔmene

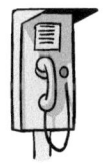
chamada de emergência

putupru frɛ

dispositivo de medição de pressão arterial

afidie a wɔde hwɛ sɛdeɛ mogya di aforosane

doente / saudável

yareɛ / ahuɔden

hospital - asopiti

emergência
putupru

Socorro!
Boa me!

alarme
alam

assalto
repira obi

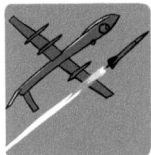

ataque
to hyɛ biribi so

perigo
amaneɛ

saída de emergência
kwan a wɔfa so pue berɛ asɛm asi putupuru

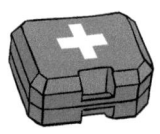

Fogo!
Egya!

extintor de incêndios
adeɛ a wɔde dum gya

acidente
akwanhyia

maleta de primeiros socorros
mmoa a edikan akadeɛ

SOS
SOS

polícia
polisi

Terra
Ewiase

Europa
Europe

América do Norte
North America

América do Sul
South America

África
Africa

Ásia
Asia

Austrália
Australia

Atlântico
Atlantic

Pacífico
Pacific

Oceano Índico
Indian Ocean

Oceano Antártico
Antartic Ocean

Oceano Ártico
Arctic Ocean

Polo Norte
North Pole

Polo Sul
South Pole

Antártica
Atartica

Terra
Ewiase

terra
asaase

mar
ɛpo

ilha
ɛpoano

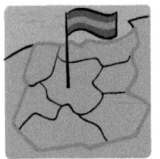
nação
ɔman

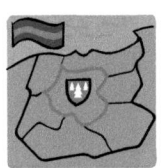
estado
ɔman

relógio
mmerɛ kyerɛfoɔ

mostrador do relógio
mmerɛ kyerɛfoɔ no anim

ponteiro das horas
dɔnhwere nsa

ponteiro dos minutos
sima nsa

ponteiro dos segundos
anitɛtɛ nsa

Que horas são?
Abɔ sɛn?

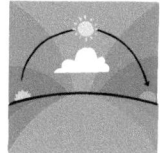
dia
da

tempo
mmerɛ

agora
seisei ara

relógio digital
abɛɛfo mmerɛ kyerɛfoɔ

minuto
sima

hora
dɔnhwere

semana
nnawɔtwe

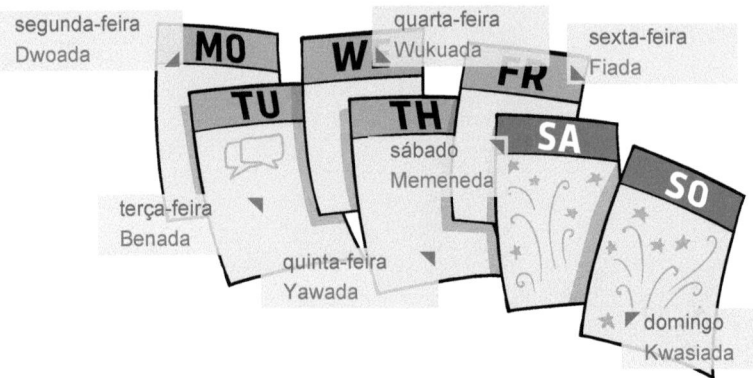

segunda-feira
Dwoada

terça-feira
Benada

quarta-feira
Wukuada

quinta-feira
Yawada

sexta-feira
Fiada

sábado
Memeneda

domingo
Kwasiada

ontem

ɛnora

hoje

nnɛ

amanhã

ɔkyena

manhã

anɔpa

meio-dia

awia

entardecer

anwummerɛ

dias úteis

adwuma nna

fim de semana

nnawɔtwe awieɛ

80   semana - nnawɔtwe

ano

afe

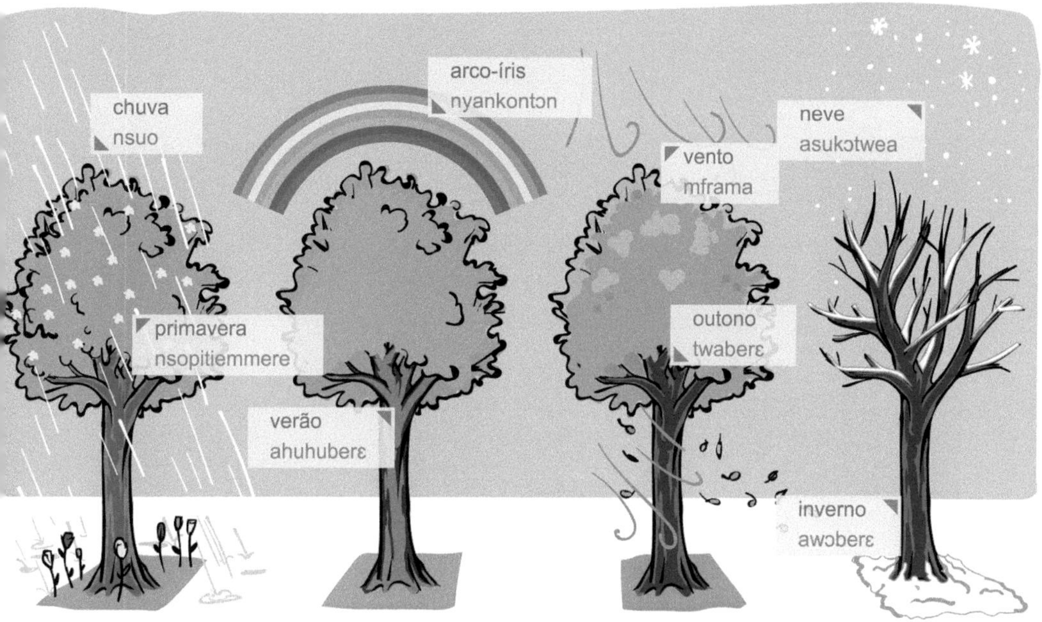

chuva
nsuo
arco-íris
nyankontɔn
neve
asukɔtwea
vento
mframa
primavera
nsopitiemmere
outono
twaberɛ
verão
ahuhuberɛ
inverno
awɔberɛ

4.APRIL 11°
5.APRIL 4°
6.APRIL 13°
7.APRIL 8°
8.APRIL 10°

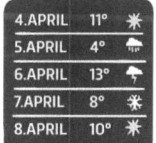

previsão do tempo

ewiemu nsesaeɛ

F
C
120
90
60
30
0
-30
40
30
20
10
0
-10
-20

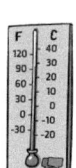

termômetro

afidie a wɔde hwɛ ahoɔhyeɛ

raio de sol

awiabɔ

nuvem

munumkum

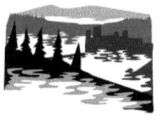

neblina / nevoeiro

ɛbɔ

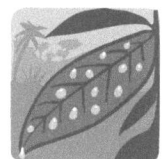

umidade do ar

nsuo a ɛwɔ mframa mu

relâmpago
ayerɛmo

trovão
agradaa

tempestade
nsuden ne mframa

granizo
sukɔtwea

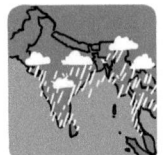
monção
mframa a ɛde nsuo ba

inundação
nsuyiri

gelo
asukɔtwea

janeiro
Ɔpɛpɔn

fevereiro
Ɔgyefoɔ

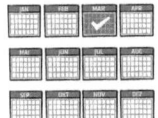
março
Ɔbɛnem

abril
Oforisuo

maio
Kotonimaa

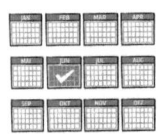
junho
Ayɛwohumumɔ

julho
Kitawonsa

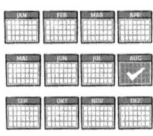
agosto
Ɔsanaa

ano - afe

setembro
εbɔ

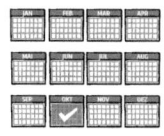
outubro
Ahinime

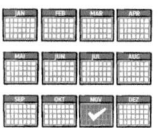
novembro
Obubuo

dezembro
pɛnimaa

formas
bɔbea

circulo
kanko

quadrado
ahenanan

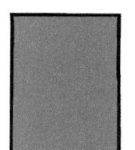
retângulo
fasene

triângulo
ahinasa

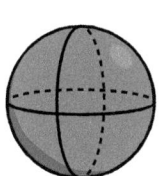
esfera
kanko

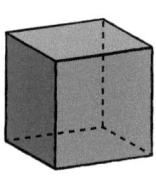
cubo
ahenanan

cores
ahosuo

branco
fitaa

amarelo
akokɔsradeɛ

laranja
akokɔsradeɛ

rosa
memen

vermelho
kɔkɔɔ

lilás
beredum

azul
bibire

verde
ahabanmono

marrom
dodoeɛ

cinza
nson

preto
tuntum

opostos
abirabɔ

muito / pouco
bebree / ketewa

furioso / tranquilo
abufuo / brɛo

lindo / feio
fɛfɛɛfɛ / tantantan

começo / fim
ahyɛasee / awieɛ

grande / pequeno
kɛseɛ / ketewa

claro / escuro
ɛhyerɛ / ɛdum

irmão / irmã
nua barima / nuabaa

limpo / sujo
ɛho te / ɛfi

completo / incompleto
wawie / onwieeyɛ

dia / noite
anopa / anadwo

morto / vivo
wawu / ɔtease

largo / estreito
emu bue / emu mmuɛ

comestível / não comestível

yetumi di / yentumi nni

mau / gentil

bɔne / papa

entusiasmado / entediado

anigyeɛ / w'ani nka

gordo / magro

kɛseɛ / hwea

primeiro / último

di kan / ka akyi

amigo / inimigo

adanfo / atanfo

cheio / vazio

ayɛ ma / hwee nnimu

duro / macio

dendenden / mrɛmrɛmrɛ

pesado / leve

emu ye duru / emu yɛ ha

fome / sede

ɛkɔm / nsukɔm

doente / saudável

yareɛ / ahuɔden

ilegal / legal

ɛnfa mmrakwanso / mmrakwanso

inteligente / idiota

nimdifo / gyimifo

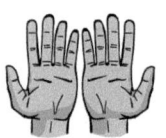

esquerda / direita

benkum / nifa

perto / longe

ɛbɛn / ɛmu ware

opostos - abirabɔ

novo / usado
fofORO / dada

nada / alguma coisa
ɛnyɛ hwee / biribi

velho / jovem
panyin / abɔfra

ligado / desligado
sɔ / dum

aberto / fechado
bue / yatom

baixo / alto
dinn / dede

rico / pobre
sikani / ohiani

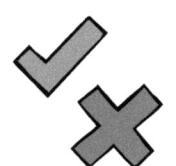

certo / errado
papa / bɔne

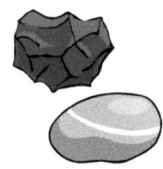

áspero / liso
wewerɛwewerɛ / tromtrom

triste / feliz
awerehoɔ / anigye

curto / longo
tiatia / tentene

lento / rápido
brɛoo / ntɛm

molhado / seco
afɔ / awo

ameno / fresco
ɛyɛ hye / adwo

guerra / paz
ntɔkwa / asomdwoe

opostos - abirabɔ

números
nɔma

0 zero / ohunu

1 um / baako

2 dois / mmienu

3 três / mmiensa

4 quatro / nan

5 cinco / num

6 seis / nsia

7 sete / nson

8 oito / nwɔtwe

9 nove / nkron

10 dez / du

11 onze / du-baako

12 doze
du-mmienu

13 treze
du-mmiensa

14 quatorze
du-nan

15 quinze
du-num

16 dezesseis
du-nsia

17 dezessete
du-nson

18 dezoito
du-nwɔtwe

19 dezenove
du-nkron

20 vinte
aduonu

100 cem
ɔha

1.000 mil
apem

1.000.000 milhão
ɔpepe

idiomas
kasa ahodoɔ

inglês
Brofo kasa

inglês americano
Amerika Brɔfo

chinês mandarim
Chinese Mandarin

hindi
Hindi

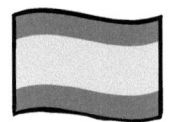

espanhol
Spanish

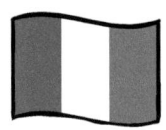

francês
French

árabe
Arabic

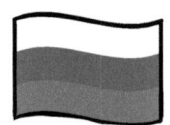

russo
Russian

português
Portuguese

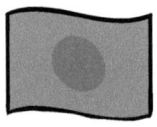

bengalês
Bengali

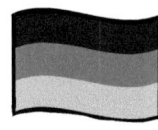

alemão
German

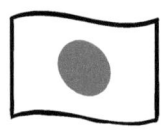

japonês
Japanese

quem / o quê / como
hwan/aden/ sɛn

eu
me

você
wo

ele / ela
ɔno

nós
yɛn

vocês
wo

eles / elas
wɔn

quem?
hwan?

O quê?
aden?

como?
sɛn?

onde?
ɛhefa?

Quando?
dabɛn?

nome
din

onde
hefa

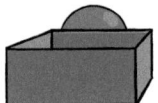

atrás

n'akyi

em

ɛmu

na frente de

wɔ n'anim

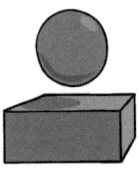

sobre

soro

em cima

so

debaixo

aseɛ

do lado

nkyene

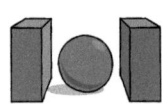

entre

ntam

lugar

fa hyɛ